孩·子·的·未·来·由·每·天·的·习·惯·决·定

帮你改掉孩子的
36个坏习惯

● 儿童教育专家 ●

田岛英子 著

崔雯雯 刘子海 李艳晨 译

山东科学技术出版社
·济南·

图书在版编目（CIP）数据

帮你改掉孩子的36个坏习惯/（日）田岛英子著；崔雯雯，刘子海，李艳晨译. -- 济南：山东科学技术出版社，2021.6
ISBN 978-7-5723-0912-0

Ⅰ.①帮… Ⅱ.①田…②崔…③刘…④李… Ⅲ.①习惯性-能力培养-儿童教育-家庭教育 Ⅳ.①G78

中国版本图书馆CIP数据核字(2021)第073532号

帮你改掉孩子的36个坏习惯
BANGNI GAIDIAO HAIZI DE 36 GE HUAIXIGUAN

责任编辑：孙　健　王晋辉
装帧设计：侯　宇

主管单位：山东出版传媒股份有限公司
出 版 者：山东科学技术出版社
　　　　　地址：济南市市中区英雄山路189号
　　　　　邮编：250002　电话：（0531）82098088
　　　　　网址：www.lkj.com.cn
　　　　　电子邮件：sdkj@sdcbcm.com
发 行 者：山东科学技术出版社
　　　　　地址：济南市市中区英雄山路189号
　　　　　邮编：250002　电话：（0531）82098071
印 刷 者：山东新华印务有限公司
　　　　　地址：济南市高新区世纪大道2366号
　　　　　邮编：250104　电话：（0538）6119360

规格：32开（130mm×185mm）
印张：4.75　字数：80千　印数：1~3000
版次：2021年6月第1版　2021年6月第1次印刷
定价：36.00元

你在用"老观念"思考孩子的未来吗

孩子长大后，会变成什么样子

➡ 给孩子怎样的建议

长大后想做什么？英雄，宇航员，专业运动员，花店老板……**孩子憧憬着自己的未来。父母当然希望自己的孩子能够实现梦想，拥有美好的未来。**

当孩子思考未来的时候，父母应该如何判断并给出怎样的建议呢？你会对孩子说"做自己喜欢的事情就好""挑战一下自己吧"，还会说"现实比梦想更重要""平安比冒险好""能够实现梦想的不过是少数人""找一个稳定的工作""希望你能成为正式员工,一辈子衣食无忧"。

你是否经常把这样的观念传递给孩子?即使没有说出来,心里也是这样想的吧。

不知从什么时候开始,许多孩子不再谈论"梦想",不再追求"梦想",而是开始了只为找到一份好工作的人生。为了进入一个好单位,他们去上好学校,考取好成绩,觉得只有这样才是最好的人生道路。

➲ "梦想""想做的事情"是能够实现的

或许有人会这么想,"我没有这么高的愿望,只要上普通的学校,取得一般的成绩,进一家一般的公司就职,就可以了"。

可是,不管哪种想法,**目标都不是为了"梦想""想做的事情""想做的自己"**,而是以旁人眼中的"希望""稳定"为目标,或者以规避"不幸""不稳定"为目标。

不知从什么时候开始,孩子选择了"不去做自己想做的事情,而是努力地实现父母和老师要求的事情"。他们认为,听大人的话,认真努力地学习就是最好的。

我们也是这样走过来的。父母和老师是这样教育我们的，我们也是这样被养育大的。按照他们的期望去工作，想做的事情、喜欢的事情都在工作之外。可能这就是长大成人后应该有的模样吧。

从目前来看，这样的做法没有什么大问题。今后这样的做法可能就行不通了。父母需要重新调整对工作方式的理解和认识。

现实中确实有以个人兴趣作为职业的人，也确实有人在实现着自己的梦想。即使不是含着金钥匙出生的人，不是拥有特殊才能的人，也能够做着自己喜欢的事情，朝着自己的理想前进。只要你有这个愿望，并且一直努力下去，就有可能如愿以偿。

我认为，孩子不放弃梦想，将来能够找到一份自己喜欢的职业，能够开心地工作，这当然是一件好事儿。我们更愿意成为给这样的孩子加油鼓劲的人。

➲ 不要用"常理"思考未来

父母必须清醒地意识到，从今以后不能以现在的所谓常理去思考未来。

这里所指的"常理"是什么？

- 既然以前是这样，将来也会是这样。
- 我上学的时候是这样，工作的时候也是这样。
- 如果学习成绩好，就能找到一份好工作。
- 考入一所好大学，就可以一辈子不愁了。

用这种"常理"思考未来，是错误的。说到工作，有人预测未来10年之内会有很多职业消失。许多单纯的体力劳动将逐渐被机器所取代，许多单纯的服务性劳动也会被智能机器人所取代。

例如，在大型网络销售商亚马逊的物流仓库中，就是机器人在工作。机器人收到网络订单信息，就能锁定商品所在位置，通过最短的路径取货。因为是机器人，即使24小时不间断地工作，也毫无怨言。它既不会感冒，也不会请假，深夜工作也不需要特别补贴。任何时间收到的订单，都可以在两小时之内发送出去。

自动驾驶汽车也会迅速发展，像大货车、长途汽车、出租车等驾驶工作，会在不久的将来消失。除非为了获得驾驶乐趣，人类将不用再驾驶汽车了。

去超市购物，将不再使用现金，并非结算机械化，而是连收银台和收银员都没有了。有些国家正在开发自动结算系统，顾客进店挑选商品，出店的时候就会自动结算。

有的工作消失，就会有新的工作产生。我的长子是一家公司的计算机工程师。在他出生的28年前，这种职业闻所未闻。多年以后孩子长大的时候，会出现什么样的工作，简直无法想象。

❥ 让孩子具备任何时代都适用的价值观

对于工作方式的认识，也在不断变化。随着人类寿命的延长，社会正朝着低生育率、高龄化发展。在这种趋势下，换工作成为理所当然的事情。

一个人的工作年限一般是40年，一个企业甚至一个产业的寿命可能会更短。在40年间，有的企业可能倒闭，甚至整个产业都消失了。"终身雇佣"，这个词会让人怀念。

在人的一生中，换工作理所当然。在此前提下，选择余地就大了。

另外，"禁止从事副业的规定"，也有可能取消。在日本，最近有些企业不仅认可了副业，甚至提倡副业。身兼双职甚至三种职业的时代就要到来了。

对正在成长中的孩子如何在急剧变化的时代生存,许多父母陷入不安。他们会觉得:如果被传统观念所束缚,将不能顺应时代的发展;必须改变传统观念,拥有应对时代发展和变化的能力;同时,拥有不畏改变、适用于时代发展的普遍适用的价值观。

40年的确漫长。以"工作40年以上,在几个公司任职,从事几份工作"为前提教育孩子。认同"应该换工作""身兼数职"这样的前提条件。

不管从事什么样的工作,都能够感到幸福,能够发挥才能。为了做到这一点,孩子应该具备怎样的能力呢?

本书具体列举孩童时代不能养成的36个坏习惯,并详述其中的缘由。怎样引导孩子在未来的社会生存,也是本书要探讨的问题。

➔ 面对未知的未来,要全力以赴

当人生发生变化的时候,不要恐惧和不安,应以期待和机遇来看待。

孩童时代要养成良好的习惯。当孩子遭遇危机的时候,该用什么样的方式支持他、鼓励他,帮助渡过难关?本书将通过事例告诉你实现上述目标的方法。

即使是大人,对未来也难以预测。不要认为自己是大人,就必须什么都懂,就要知晓所有问题的答案。

不懂的事情,即使长大成人还是不懂。面对未知的未来,应该怎样生存呢?因为不可预知,就什么都不做,什么办法都不想,就这样生活下去吗?或者,虽然无法知晓未来,但还是尽最大努力把每件事情做好呢?**父母以什么样的姿态生活,对孩子的言传身教,是非常重要的。**

虽然有时候对未来感到迷茫,那也没关系。请告诉你的孩子,要相信前途充满光明,只要不懈努力,就能拥有美好的未来。

写给正在养育孩子的父母

你正在为什么事情烦恼着?你觉得养育孩子幸福吗?你是否思考过怎样教养孩子才是正确的?

我一直在思考这个问题。其间,我觉得养育孩子一点儿都不快乐,体会不到其中的幸福。直到有一天,我终于找到原因了。

我之所以在养育孩子上战战兢兢,是因为担心有人对我的教养方法产生怀疑。我不想听到别人说"不能这样养育孩子"。

因为不想被丈夫、父母、公婆及周围的人说三道四,不想被任何人批评，为了能得到大家的称赞，我一直在努力地找寻教养孩子的正确方法。

在养育孩子的过程中，我一直在寻找对我说"这样做真不错"的人，希望大家认同我的教养方法。但我终于发现，无论自己还是孩子，都被束缚在了条条框框之中。

如果一种行为不是源于爱，而是出于恐惧，那么，不管怎么努力去做，也不能获得幸福感。教养孩子，原本就没有什么正确答案。

教养孩子的正确方法，其实是由自己决定的，自己决定就好。虽说如此，但我很想知道，怎样教养孩子才是对的，目标是什么。

首先，是让孩子茁壮成长，身心健康。即使患有疾病或者身心障碍，也要让他健康成长。这是所有目标的基础。其次，就是培养基本的生活习惯。然后，培养孩子的个性、社交能力和协调能力，让他适应家庭、幼儿园、学校等集体生活。接下来，就是培养自立生活所需要的知识和技能、判断力、行动力等。

哇！原来要教给孩子的还真不少，但不必太过紧张。**孩子自立大约需要 20 年，父母在这段时间里用心教养、陪**

前言

伴，让他养成好习惯就可以了。至于结果，20年之后才能知晓。在此期间，父母和孩子一起成长。

孩子不只由父母教养，老师、朋友、同学以及其成长过程中遇到的所有人和事儿，都是学习的对象。学习伴随一生。

孩子成长的过程中，会遇到什么样的人？会经历些什么？作为父母，能够为孩子做些什么？

我们不应该担心失败和介意别人的评价，而是将发自内心的爱直接传达给孩子，并让他知晓，父母想为孩子做点儿什么。

这是一本育儿书，但是视角不同。

· 当孩子长大成人，走上社会，你希望他成为一个什么样的人？

· 如果你任职于人事部门，会录用什么样的人呢？

· 如果你是上级，想要什么样的下属呢？

· 如果是同事，想和什么样的人一起工作呢？

· 如果是客户，希望对方是什么样的人呢？

· 如果是丈夫或妻子，想和什么样的人一起生活呢？

从这样的视角思考，就能很容易地找到教养孩子的目标。

将育儿目标具体化,就能比较清晰地发现当前存在的问题或还办不到的事情,也会知道当下应该如何改变。

一旦目标明确了,就不会再为"别人如何评价"或"孩子未来会怎么样"而担惊受怕了,因为你已经明确了行动方向。

本书的写作目的是不让孩子成为无法适应社会的"不合格的人"。为了实现这一目标,不论父母还是孩子,都应该马上改掉坏习惯。养成好习惯,固然重要,必须先改掉坏习惯。

有人说"孩子就是父母的镜子"。作为父母,在改掉孩子坏习惯的同时,也要改掉自己的不良习惯。

育儿期终将结束,希望到那时,你能问心无愧地说:"虽然不完美,但我尽了最大努力。"改变教养方式,不论几岁的孩子,都来得及。

愿这本书助你一臂之力。

目 录

第1章 让孩子长大后"无法适应社会"的坏习惯

- 上课时肚子痛，忍着不上厕所 ……………………… 2
- 回答问题的声音比老师还小 ………………………… 7
- 不去上学的日子不刷牙 ……………………………… 10
- 不会说善意的谎言 …………………………………… 13
- 要父母叫，才能起床 ………………………………… 16
- 和父母一起准备上课要带的东西 …………………… 20
- 从不做自我表扬 ……………………………………… 23

第2章 让孩子长大后"轻言放弃"的坏习惯

- 作业总是最后一刻才交 ……………………………… 30
- 受到表扬，马上要奖励 ……………………………… 34

- 自己的房间，父母收拾也无所谓 …… 37
- 因为怕麻烦，所以迟迟不动 …… 40
- 上学忘记带东西，让父母送过来 …… 44
- 不管干什么，都觉得累 …… 46
- 被逼入绝境时，才全力以赴 …… 50

第3章 让孩子长大后"无法与人有效交流"的坏习惯

- 认为执着是件好事情 …… 56
- 努力做是因为怕做错事、被批评 …… 60
- 不主动跟人打招呼 …… 64
- 被批评时，一言不发 …… 67
- 不愿说"谢谢""对不起" …… 71
- 记不住同学的名字 …… 76
- 做不好的时候，总爱找借口 …… 79
- 自己的事情都可以自己做主 …… 81

第4章 让孩子长大后"与成功无缘"的坏习惯 ⑧⑤

- 喜欢逛超市试吃区 …………………………… 86
- 暑假和父母一起完成手工作业 ……………… 89
- 有很多买了却不怎么玩的玩具 ……………… 91
- 零用钱不够花,要求增加 …………………… 94
- 作弊没被发现,感到幸运 …………………… 97
- 经常丢三落四 ………………………………… 99
- 经常逃避大扫除 ……………………………… 101

第5章 让孩子长大后"不在意家人感受"的坏习惯 ⑩⑤

- 自助餐剩下食物 ……………………………… 106
- 做家务是父母的事情 ………………………… 109
- 不完成作业,就不去上学 …………………… 113

- 成绩好,希望被表扬 ……………………………… 117
- 父母催促才行动 ………………………………… 119
- 不愿跟家人打招呼 ……………………………… 122
- 对待家人无须太用心 …………………………… 125

后记 …………………………………………………… 128

第 1 章

让孩子长大后"无法适应社会"的坏习惯

上课时肚子痛,忍着不上厕所

➡ 你的"理所当然"和孩子的"理所当然"是不一样的

当听人说"上课时肚子痛,忍着不上厕所"是不好的行为,你是否想:这不是理所应当的吗?这个"理所当然",其实是个人习性所致。

所谓"理所当然",往往因人而异。对于认为理所当然"不必忍耐"的人来说,肚子痛忍着不上厕所,简直难以想象。如果老师是这样的人,他可能压根儿想不到班里会有忍着不上厕所的学生。对于认为"忍耐"是理所当然的老师来说,看到学生表情异样,可能就会问:"有同学想上厕所吗?"

我们不评价谁对谁错,只是说的确有这样的"不同"存在。

自己认为的"理所当然"和别人想的"理所当然"是不一样的,你认为的"理所当然"和孩子想的"理所当然"

也是不一样的。很少有人清楚地意识到这一点。

认为"不必忍耐"是理所当然的父母,是不会教孩子如何"不必忍耐"的方法的,只会对孩子说"不要忍耐,跟老师说就好了"。

对于认为"忍耐"是理所当然的孩子来说,却不知道应该如何对老师说。他不知道怎么办,所以也不会去做。如果父母明确地告诉孩子"不要忍耐,跟老师说你想上厕所",孩子就不会如此难受。

➡ 教孩子向老师表达的方法

应该说,上课时是不能有无关的事情吸引老师注意力的。何况像肚子痛、想上厕所这样"丢脸"的事儿,更不敢说出口。由于不得不对老师说,所以必须克服害羞和不想打扰上课的情绪。作为父母,你能想象得到吗,做到这一点是需要勇气的。

要教育孩子,如何鼓起勇气说出来,如何克服羞耻感,告诉老师"我要上厕所"。整个过程都必须教给孩子。

要告诉孩子:先举手,大声叫"老师";当老师看到你时,用老师能够听得到的声音说"我想上厕所"。

按照上述步骤，**试着让孩子练习举手，大声叫"老师"，让老师注意到自己**。对于不能完成这个过程的孩子来说，对他说"跟老师说就可以"是没有意义的。

我认为，肚子痛还忍着不告诉老师的孩子，比想象的要多。在现实生活中，有许多大人即使心里难过，也会选择默默承受。

我以前的一位同事就是这样的人，总把"没问题"当作口头禅，也就是"还可以忍耐"的意思。在这样的情况下，已经不是"没问题"了。这位同事因为工作量太大，最终把身体搞垮了，不得不请假休息。

孩子的很多事情，会由于不知道如何和大人说明而忍着不说。因此，**不要只对孩子说"不要忍着，要说出来"，要教给他解决方法，告诉他如何表达自己的感受**。

❥ 用忍耐来解决问题是错误的

"上课时即使肚子痛，也忍着不上厕所"，这样的习惯到底哪里不好，你知道吗？

许多孩子没有养成克服害羞感，鼓起勇气表达感受的习惯，遇到问题时，习惯"忍耐"，渡过难关。

第一章 让孩子长大后"无法适应社会"的坏习惯

练习中

进入社会后,这种靠"忍耐"解决问题的习惯完全行不通。遇到困难时,一味地忍耐,是打不开局面的。

即使上司问"为什么不马上报告呢",你也回答不出来。即使老师问"为什么想上厕所却不说呢",很多孩子会回答"老师并没有问啊",从而把责任归咎到别人身上。

现在,越来越多的年轻人不会表达自己的想法和状况,等待别人来询问,或者一味忍耐,甚至把责任归咎于别人。如果没有改掉孩子的这个坏习惯,他长大成人去求职面试时,当问到"你想做什么"的时候,答案往往是毫无新意、千篇一律的,难以赢得面试官的好感。

教育孩子的要点	上厕所是小事儿,却不能小视。父母要鼓励孩子勇敢地说出"我想上厕所"。

回答问题的声音比老师还小

➔ 用小声回答，会给对方造成压力

这是个有关说话声音大小的话题。说话声音过小或者过大，都是不好的。说话声音太小，对方会听不清楚。对方小声说话，你得竖起耳朵，感觉交流不顺畅，从而产生压力。

究其原因，是声音过小给对方"不被尊重"的感觉。

与人沟通时，音量尽量一致。用对方能听清楚的声音回复，是一种礼貌，也是传递"我很愿意与你交往"的信息。

现在，越来越多的孩子跟大人说话时，要么不好好回答，要么只是点点头，甚至没有任何反应。这样的孩子长大后，能突然变成很好回应别人的人吗？

养成有问必答的习惯，很重要。

那么，怎样让孩子用对方听得到的声音回答呢？很多时候，对自己而言"理所应当"做到的事情，要教给别人却是非常困难的。

首先，回想一下自己是如何做到的。有人和你说话时，你首先会聆听对方在说什么，然后做出回答。为了能让对方听到回答，你会调整说话声音。这一连串行为，基本上是在无意识中完成的。

这些无意识中完成的事情，要指导孩子也能做到。

● 对话时要看着对方

"哎呀，我回答对方问题的时候，好像没有看着对方，好像没有用对方听得到的声音作答。"如果你意识到这一点，这是很好的改正机会，和孩子一起改掉这个习惯吧。

与人讲话时，要看着对方，观察对方。 这样就可以意识到对方能否听到。对方的声音自己能听到，自己的声音也要让对方听到。

与人讲话时，看着对方。母子之间对话时，孩子要看着妈妈作答。

与人面对面交谈，尽量与对方的音量保持一致。你和孩子对话的时候，如果听不到他的声音，就要告诉他"我听不清你说话"。要孩子用别人听得到、听得清的声音说话。

第一章 让孩子长大后"无法适应社会"的坏习惯

教育孩子的要点　教导孩子：如果别人跟你说话，要用眼睛看着对方，用与对方声音相匹配的音量作答。

不去上学的日子不刷牙

➡ 有些事情可以自由决定,有些事情不能

不去上学的日子就不刷牙,这怎么行呢?为什么不行,你能和孩子说明理由吗?

不去学校的日子,可以睡懒觉,可以玩游戏,这些都不是理由。

理由是:刷牙是每天必须要做的,重要的日常习惯。

有的孩子认为,不去上学的日子做什么都可以,自己自由决定。大人不上班的日子,可以随心所欲地度过,觉得自己也可以在不上学的日子自由自在。

有的事情可以自由决定,有的事情却不能。不能自由决定的事情,就包括刷牙。不管上不上学,每天都要吃饭,刷牙也是必须要做的事情。

不论上不上学,重要的日常习惯都应该遵守。上学和不上学的日子,都要认真地度过。

父母的职责就是不让孩子"放羊"

上学的时候,有要求做的事情。不去学校的日子,总是有些不一样。这就是所谓的"自由"。这并不是说,平时要做的事情,在这一天都可以不做了,父母必须明白这一点。

一旦放手不管,孩子就会无限自由。父母的职责就是不让孩子放纵。要理解"为什么要这样做""为什么那样做不行",对孩子做出清晰的说明。

> **教育孩子的要点** 上学或不上学,都是重要的日子。重要的日常习惯要延续。

遵守日常习惯很重要

 ## 不会说善意的谎言

➔ 孩子说谎了,不要过度反应

孩子说谎话,你会生气吧。其实,**说谎也是人的一种重要能力**。

说谎需要一定的思考能力。要有辨别谎话和真相的才智,要有明知不是真相还能说出口的能力。

小孩子大约从三岁开始说谎话。最初,小孩子说话没有什么目的,只是因为大人的反应很可笑。也就是说,"因为想说谎才说谎的",是一种没有恶意的说谎。

随着一天天长大,孩子说谎变得有目的了。所谓目的,就是"不让大人生气""隐瞒自己的过失",等等。

父母都希望孩子正直、天真无邪。一旦孩子说谎话,就会感到震惊,十分生气,会接受不了。

孩子本来就是会说的。**相比大人,孩子的立场性没有那么强,为了不惹大人生气,为了保全自己,就会说谎话**。尽管孩子撒了谎,也不能就此下结论"我家孩子是个

谎话大王",或者质疑亲子之间的信任关系,或者认为教养方式出了问题。这些都是过度反应。

孩子未能遵守约定,自己做错事情却归罪于弟弟、妹妹或其他小朋友,有所隐瞒,不说实话。对于这些行为,父母自然会很生气。

放任孩子说谎,是不对的。有必要引导孩子不撒谎,诚实地回答问题。撒谎会隐瞒真相,让事态更加混乱,从而延误采取补救措施的时机。

当孩子说了谎话,不要简单地说"撒谎是不对的"。建议父母和孩子一起思考,为什么说谎是不对的,会有什么样的影响。对于不自觉地说了谎话的孩子,要告诉他"**如果实话实说,妈妈会理解你的**""**直接说开了,问题才能快些解决**"。要把这些人生经验传授给孩子。

➲ 有时候必须说谎话

从另一个角度看,大人也知道,有时候不得不说谎话。那么,什么样的情形下可以说谎话呢?

当看望生病的朋友,看到他消瘦的身躯时,你会把自己的真实感受说出来吗?"看上去气色比想象的还要好,要安心养病",你会这样说吧。

当你收到不太喜欢的生日礼物时,会直接告诉对方"我不喜欢绿色"吗?你会说"好开心,谢谢你"吧。

为了让工作、生活更加顺利,"不说出自己的本意""说一些善意的谎话",有时也是必要的行为。这种行为也被称为"体谅"。

有时你会训斥孩子"对朋友说话太过分了",而孩子会辩解"我只是说了真话而已"。有些大人对人际关系不在意,还会吹嘘说"我就是不会说谎"。

要告诉孩子,"不说谎话"并不是最好的价值观。比起"不说谎话",还有更加重要的事情。

"不说谎话",可能是缺乏体谅别人的能力吧。

> **教育孩子的要点** 说谎话,也是成长的见证。父母要帮助孩子学会为了体谅他人而说一些善意的谎言。

 要父母叫,才能起床

➔ 孩子何时能自己起床,是由父母决定的

有人问我:"小孩从几岁开始可以自己起床呢?"也有人问:"几岁叫孩子自己起床比较好?"我的回答是:**"当你不再叫孩子起床时,他就能自己起床了。"**

不管孩子几岁,自己起床之前,父母就先去叫醒他。孩子是永远不会自己起床的。

如果把"能自己起床"作为成长过程中的一个目标,那么,这个时间点是由父母决定的。

如果放任不管,孩子早上上学就会迟到。为了让孩子按时起床,父母可以给予一些帮助。例如,要告诉孩子:"明天早上,你要自己起床了。"然后,教给他怎样醒来的方法。刚开始,可以先打开窗帘,让阳光照进来,或是播放音乐,催促孩子醒来。这样做和"叫醒"不同,**是等待或协助孩子自己起床。**

孩子能否自立,要看父母的态度。"因为孩子不能自

己起床,就每天叫醒他。"如果父母抱着这样的态度,孩子是不会自立的。只有父母放手,孩子才能独立。

越是自我要求较高的父母,越容易觉得孩子不行,"还差得远呢"。

父母不放手,孩子就会没有自信。连"是不是能自己起床"这样的事儿都没有信心,将来踏上社会,也将无法充满自信、独当一面地去工作。

❯ 孩子会像父母期望的那样成长

经常有父母说:"我的孩子很努力。"然而,这个孩子"很努力",是完全按照父母期望的那样成长的。

孩子都很爱父母。**潜意识中,希望实现父母对自己的期望,希望能变成父母期待的样子。**

许多父母嘴上总说"让孩子早点儿自立",心里却觉得"这个孩子靠不住,连自己起床都做不到"。这样,孩子是无法成长的。

虽然我这么说,有些父母还是不能停止叫孩子起床。或许他们打心眼里不希望孩子离开自己吧。

如果你还在考虑"孩子什么时候才能自己起床",那

帮孩子自己起床

么,请下定决心放手吧。也许你会担心,会觉得失落,这都是父母的问题。

鼓出勇气,坚信"我的孩子能行的",下定决心放手吧。

 孩子会以父母的期待为目标。要记住,父母放手之时,就是孩子开始自立之日。

和父母一起准备上课要带的东西

→ 想一想,怎样才能把东西收拾好

孩子上小学之后,有了课程表,就要按照课程表来收拾所需物品。开始的时候,父母可以和孩子一起根据第二天的课程做准备。

"明天有体育课""体操服和帽子别忘了拿",这些提醒孩子的话,一方面是和他一起确认是否带齐了所需要的东西,另一方面让他关注第二天上什么课。

从一开始就培养良好的习惯。**自此以后,慢慢地放手,让孩子自己收拾,自己确认东西是否带齐了。每个孩子都是通过这样的过程成长的。**

也有这样的父母,不管过了多久,还是不放心,非要确认一下是否有东西遗漏。他们会说:"如果忘了带东西,可就麻烦了。让孩子自己收拾,有时会忘了带东西。"

我很理解父母的心情。想到孩子忘带东西后苦恼的表

第一章 让孩子长大后"无法适应社会"的坏习惯

情,就会感到难过,觉得他很可怜。

但是,请试想一下,这样的帮助能持续多久,总要在某个时间点对孩子放手吧。到孩子上高中,上大学,踏上社会,你还能继续帮他做这些事情吗?

当然不行。那么,要放手的时候应该怎么做呢?

"你已经八岁(二年级)啦,从今天开始自己收拾吧!"据我了解,很多父母对孩子这样说了,就立马放手。因为父母说了"从今天开始,我就不帮你收拾了",孩子已经八岁(二年级)了,就能够自己完成了吗?

当然不是。既然如此,就要多一些理性。**怎么能让孩子把日程准备好,哪个过程做得还不够好,都要父母确认。**

看看课程表,明天上什么课,做到心里有数。需要带哪些课本,列出清单。再确认一下记事本上的事项。如果有遗漏,父母可以提醒"这个别忘记拿"。

既不能在孩子还不具备能力的时候贸然放手,也不要因为孩子做不到,就马上给予帮助,而是应该从一旁协助,让他学会自己做。

孩子收拾物品时，可以想象未来的事情，培养创造力。

# 从不做自我表扬

➡ 为什么只说自己的缺点呢?

生活中,很多人无法发现或认同自己的长处、优点、优势,说到自己的缺点和不足时,却侃侃而谈。

请回想一下,当被别人表扬的时候,你会做何反应,会说些什么。

你是直接回答"谢谢",还是会说"不是你说的那样"?

当别人夸奖你时,你是不是腼腆地一下子说出自己三个缺点或者马上转移话题呢?还有,当别人不仅称赞你,也夸奖你的孩子的时候,你会做何反应?

在此不做好坏的判断,而是请你回想一下自己的反应。

对于自己的缺点,常常能够自然地表达出来;对于自己的优点,却不清楚、不承认。这样的父母会对孩子造成怎样的影响呢?

我认为,认识不到自身的优点,是人生一个遗憾。与此相比,很多人认为别人如何看待自己更重要。

当做自我表扬时,别人会怎么想,**比如,别人会觉得自己过于自信吗?会被人嫉妒、讨厌吗?正是因为有这样的担忧,所以不敢表扬自己**。久而久之,即使是来自对方的表扬,也不敢坦然接受。

● 要勇于承认自己的优点和长处

认识不到自己的优点,结果是什么呢?**简单地说,就会没有自信**。因为你认为别人对自己的评价远比自我评判重要。

要试着改变这一习惯。当被人表扬时,要大方地说声"谢谢",坦然接受。刚开始或许不好意思,尝试几次后,你会发现,彼此的对话和沟通更加顺畅了。

你是否意识到:当被人大加赞赏时,你却以"不是你说的那样"来否定对方,实际上是失礼行为,因为你否定了对方的想法。

勇于承认优点和长处,就能把自己的优点传达给别人,也会让周围的人更了解你。这样一来,**就更容易得到想要的工作和环境,自己的才能更容易充分发挥出来**。

对于一个擅长创造性思维的人来说,每天做着一成不

当别人表扬你,说声"谢谢"

变的工作,当然没有机会发挥创造性;一个善于倾听和喜欢与人打交道的人,在工作中很少有机会与人接触,他的才能将得不到施展。

➡ 满足自我认同感

人都有满足自我认同的需求。如果无法从自己身上获得认同,就要从别人身上获取。**不能接受别人的赞美和认同,你将永远不能认同自己。**

就像一个有洞的水杯,别人的表扬就像水一样,只会从漏洞中漏掉,这个杯子永远不会装满水。

平时总是很在意别人的看法和评价,一旦得到表扬,也不会欣然接受。明明心里"希望别人认同""希望得到表扬",却经常觉得"得不到理解""得不到认同",总有一种不满足感。

如果和这样的人一起工作,你会快乐吗?

你是不是想明白了,能够自我认同是多么重要。**不是让你变得自大、傲慢,而是客观地认识到自己的优点,并且表现出来,更好地与人交往。**

从客观的角度看待自己,你会怎样评价?如何发挥自身优势,在社会上立足,在职场中发挥作用呢?只有先认清自己,才能扬长避短,施展才能。

要鼓励孩子:被别人表扬时,就大大方方地表示感谢。

第 2 章

让孩子长大后"轻言放弃"的坏习惯

作业总是最后一刻才交

➜ 当作"为对方而做",就会顺利进行

孩子总是到了最后期限才交作业。这样做虽无可厚非,但也不提倡。为什么这么说,明明可以早些交,却没有这么做。

"不,不是这样的,我家孩子本来就来不及交作业。""他忘了日期,还被老师批评了,真是头疼。"如果你的孩子也是这样,首先要解决"来不及"这个问题。

众所周知,在规定的时间内来不及交作业,交不出作业,没有交作业,都不是好事儿。孩子都希望按时完成作业。但是,有的孩子做不到。

为什么会这样呢?因为大家都在为"不被批评"而努力。

其实,努力也是有诀窍的。为了不让"自己"被骂,就是"为了自己"在做事,当然会进展不顺利。如果换个角度,**想成是"为了对方"而做,通常就能顺利完成了。**

第二章 会让孩子长大后"轻言放弃"的坏习惯

作业什么时候交呢?

● 想象"老师的立场"

让孩子站在负责收作业的那个人的立场,会怎么样呢?

只要有一个人没有交作业,负责收作业的人就无法完成任务。收上来的作业本,只能堆积在桌子上,不能上交。

下午放学后,空荡荡的教室里,老师的讲桌上摆放着没有收齐的作业本。没有完成的工作,就这样一件件堆积着。

想一想,此时老师会是什么心情?是心情舒畅,还是沉甸甸的?在这样的状态下工作,会有活力吗?

此时,孩子心里一定在想"老师真可怜"。

只要有一个人没有交作业,全班的成绩都要受到影响。如果孩子想象到这个后果,就会把尽早交作业这件事儿和集体协作联系起来,就会认为自己的努力是有意义的。

我交上作业,老师就会很高兴。大家都交上了,老师肯定会笑逐颜开。这样一想,就不会忘记交作业了。

● 重要的是自己做决定,再付诸行动

等孩子学会换位思考,就知道"在期限内上交"这句

话的含义了。

"在这一天之前交作业"，有选择哪一天交作业的权利。不过，必须在"这一天"交出，不能拖延。自己决定期限并付诸行动，对今后在社会上立足是非常重要的。明白这一点的人不少，能够做到的却不多。

在学校学习的，并不限于课本内容。我认为，学习在一个集体中如何思考、如何行动，这一点更为重要。

当老师说"截至什么时间交作业"，就要自己思考并决定"什么时间交"，然后付诸行动。学校正是培养这种能力的最佳场所。

作为父母，要记得经常问孩子："你打算什么时候交作业？"这是一个让孩子自己做决定，主动付诸行动，让周围的人因他的决定和行动而感到开心的好机会。

> **教育孩子的要点**　把交作业变成孩子主动行动的机会。

受到表扬，马上要奖励

➲ 为什么奖励不好

关于奖励，赞成与反对的声音都有。对于孩子来说，受到表扬和奖励是很开心的。时不时地奖励孩子一件小物品，他会记得这件事儿。如果孩子已经上小学高年级，就另当别论了。

人都有被认可的欲望，也就是"想要被认可"的愿望。但是，一味地助长这种"欲望"是不行的。

被赞扬了，觉得理所应当；没有被赞扬，就觉得不平，甚至不满。一旦养成这样的习惯，会怎么样呢？

应该不会有什么好结果。"奖励"就是形成这种习惯的催化剂。孩子帮了一点儿忙，就给"奖励"；考试成绩不错，就给"奖励"；努力去完成一件事，也要给"奖励"。这样做是不可取的。多数父母明白这一点，但是还会这样做。如果孩子到了"不给奖励，我就不做"的程度，那就是"亮起红灯"了。

为什么这样做不好呢？我试着再说得明白一些。人在做一件事情的时候，往往是有动机的。这个动机分为内在动机和外部动机。

内在动机。简单说，就是"因为想做""因为高兴"，是发自内心的，出发点是"想做"。有了"做了很高兴""完成了很开心"这样的经验，就会进一步引发"还想再做一次"的意愿。

外部动机。比如说，"因为不想挨骂""因为想受到表扬"或"因为想得到奖励"，以这些外部因素为基点的动机。

父母要意识到：**如果孩子失去了"自己想做"的内在动机，那么，"别人让我做"的被迫意识就会增强，他的行为会被别人的评价和得失所左右，从而丧失自主性。**

➔ "奖励"的意味是浓厚而粗暴的

"奖励"是一种很强的外部动力。这种强烈的影响，会使得由内在动力所带来的些许喜悦和满足感瞬间消失。

发自内心的内在动力——渴望成长，做对别人有用的人，想做成一件事儿，在极具诱惑、具有压倒性优势的"奖励"面前，会不知不觉地消失掉。

这就好比一道原汁原味的料理，加上番茄酱、蛋黄酱等调料，味觉会变得强烈而浓重，从而掩盖了食材本来的味道。

想要让孩子做什么事情，奖励并不是必需的。应该改掉孩子有奖励才有所行动的习惯。

"你成功了""谢谢你的帮助"，这些对于孩子来说是最好的奖励。

 自己的房间,父母收拾也无所谓

➔ 父母和孩子之间是有界限的

有些孩子觉得自己收拾房间很麻烦,就让父母代劳。到了学校,却能老老实实地打扫。我也经常听到有些父母抱怨,孩子在家里乱放东西,不收拾,把房间弄得乱糟糟的。

不过,在这里我想说的不是"孩子没有养成收拾东西的习惯",而是**父母和孩子之间的界限,或者说是人与人之间的界限**。

你听说过"房间是主人心灵的写照"这句话吗?属于自己的东西,也是自己的一部分,自己的房间就是自我心灵的壁垒。从这一点来说,父母随意进入孩子的房间,触碰、收拾或者丢弃属于孩子的物品,你会做何感想?

在婴儿时期,孩子几乎与妈妈浑然一体,相互间没有界限。随着孩子渐渐长大,慢慢产生了距离,相互间的界限开始出现。此时,父母要把孩子当作一个人对待,他也有自己的人格。

父母随意进入孩子的房间，随便触碰和收拾孩子的东西，**不仅不利于养成收拾物品的习惯，还侵犯了孩子的界限。父母应该意识到这一点。**

父母这样做，会让孩子觉得没有得到应有的尊重。在这种环境中长大的孩子，会觉得随意侵犯别人的界限是很自然的事情，也会把人和人之间的界限看得很模糊。

在人际交往中，有些人总是无意中闯入他人的"禁地"，或者自己的"禁地"被他人侵犯，导致沟通出现障碍。原因之一就是没有划清"界限"。

孩子是父母的心头肉，但不属于你们的"物品"。 父母要意识到这一点，把孩子当成独立的个人去对待、去尊重，培养与他人保持一定界限的意识。

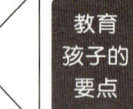 培养孩子成为尊重别人的领地和自己的领地的人吧。

第二章 会让孩子长大后"轻言放弃"的坏习惯

父母和孩子的界限

因为怕麻烦,所以迟迟不动

➡ 把"麻烦"当成口头禅

试想,孩子快要考试了,却不学习;玩得大汗淋漓,却不洗澡。这时,若问"为什么不学习""为什么不洗澡",却听到一句"真麻烦"的回答。父母该是什么样的心情?

会很生气呢,还是会想"这是孩子自己的事情,随他去吧"?

究竟出于什么心态才回答"真麻烦"呢?**在什么情况下才会说出"真麻烦"这个词呢?**是在事情复杂混乱的时候?做不想做的事情的时候?还是没有干劲的时候?

"真麻烦",是身心状态的一种感受。要做的事情多,情况复杂,步骤烦琐,或者涉及人员多,需要作出调整,花费时间多,手续繁杂,甚至必须思考许多事情,需要与人交涉,需要采取各种行动,等等。这种情况下就会觉得"真麻烦",就会用这个词来表达。

即使没有面临上述情况,也会说"真麻烦"。有的人把"真麻烦"当成了口头禅,年轻人和孩子也常常使用。即使做重复的事情或容易做的事情,当身心疲惫的时候,也会觉得"真麻烦"。

但是,你知道吗?这句话所带来的负面影响远比想象的要大得多。**当你说出"真麻烦"的时候,即使大脑和身体没有做任何活动,也会变得思维缓慢、身体发沉**。即使不是那么"麻烦"的状况,也难以积极地去应对。因此,最好不要把"真麻烦"当成口头禅。

➔ 找出说"真麻烦"的原因

当问孩子为什么迟迟不行动,若他回答"真麻烦",你应该深入询问,了解具体原因,为解决问题创造机会。

当有些事情非做不可时,就会有"真麻烦"的感觉。如果不打算做,就不会感到麻烦。

究其缘由,或许是没有干劲,没有自信,也可能是不知道怎么做。这种情况,要考虑是不是亲子沟通出了问题。

当孩子持有"怎样回答都不对""不管怎么说,爸妈都不懂我"等想法,放弃与父母沟通,或许是导致拒绝交流的原因。

感到麻烦的真正理由

问孩子想怎么做、如何做

"真麻烦"不应该成为不做事的理由。即使再麻烦的事情,该做的还是要做。

孩子回答说"真麻烦",不要听之任之,要继续问他想怎么做、如何做。询问时,不可着急生气,要以帮助孩子为目的。

即使小孩子,也希望把不得不做的事情变成想要去做的事情,并找出更好的办法。

帮助孩子把"真麻烦"的情绪转换为积极行动的动力吧!

上学忘记带东西，让父母送过来

➋ 忘带东西时的感受将成为孩子的财产

有没有孩子到校后发现忘记带东西，让你送过去的经历？是不是经常给孩子送东西？当时一定很无奈吧。

应该杜绝上述情况发生，因为这对孩子成长是不利的。

自己做事不认真而忘记带东西，让父母送过来，却不觉得羞愧，甚至洋洋得意。这样做对吗？

要告诉孩子，做错事了，就应该承担责任。让孩子体验一下忘带东西时焦急的心情和被老师批评时羞愧的感受，也未尝不可。为什么呢？

俗话说"吃一堑，长一智"。人只有通过亲身体验，才能学到东西，才能进步。

人只有经历过强烈的感受或打击，才能记忆深刻。"上学时忘带东西"的经历，将会成为孩子的一笔"财产"。

只有这样，孩子才会下定决心："今后一定不能忘带东西！"这岂不是一件好事儿。

➔ 允许孩子失败

父母希望孩子成为有责任心的人。长大成人,就不用再操心了。

现在,就在现在,让孩子经历很多失败,也无所谓。现在的失败,会让他获得经验教训,铸就将来的成功。

不用担心失败,不要害怕失败。就算失败了,也要多抚慰他、鼓励他,给他一个紧紧的拥抱。还要对他说:"继续努力。"

"失败也好,犯错也好,父母一如既往地对你好!"让孩子有安全感,是父母应该做的。

 为了将来的成功,让孩子经历更多的失败吧!

不管干什么，都觉得累

➲ 工作等于劳累吗？

很多人念书、工作、做家务，都会觉得累。下班回到家，经常喊"好累啊"。除了身体上的疲劳，还承受着精神上的压力。不过，你是否觉得，**工作未必和劳累画等号**。

做自己喜欢的体育活动或玩耍，外出用餐或旅行，往往不会觉得累。虽然会有疲劳感，但没有精神上的压力。这时候的感受与工作时有所不同，因为这是主动想做且乐在其中的事情。

做不得不做的事情常常会觉得累；主动做想做的事情感觉不到累。厌烦时做事，会觉得累；开心时做事，不会觉得累。

"工作就是累""工作是不得不做的事情""工作无法与开心画等号"，你有这样的感受吗？**这或许是无意识中形成的偏见，是按照自己的经验产生的个人之见**。例如，看到长辈工作的情形，看到他们下班回家后的疲态，逐渐

第二章 会让孩子长大后"轻言放弃"的坏习惯

工作快乐!

形成了这样的看法。

从客观说,现在的工作时间和实际工作量,比起祖父母、父母时代减少许多。职业选择机会也比以前多得多。许多年轻人不是被逼着去工作,而是选择喜欢的工作。

即便如此,仍然有人抱有"工作等于讨厌的事情""工作等于劳累"的偏见。

● 告诉孩子工作的重要性

长时间工作,确实会造成身体疲劳;为了完成工作目标,人们备感压力。真觉得累,当然可以说出来。**如果不是真累,请不要把"我累了"当成口头禅。**

现在,越来越多的年轻人错误地认为,不干活,静静地待着,懒惰和逃避等是轻松的事儿。

身为父母,必须清醒地意识到,只有辛勤地工作,绞尽脑汁地研讨工作计划并努力实施,努力做事,才能获得收入,才能生活得更富足。这是一件了不起的事情。

请开诚布公地告诉孩子,工作是一件多么美好的事情。通过工作能够贡献社会,收获喜悦,实现自我价值。

| 教育孩子的要点 | 不要轻易地喊累。告诉孩子工作真正的乐趣。 |

被逼入绝境时，才全力以赴

→ 考试之前打扫房间的理由

被逼入绝境，才能全力以赴。以前我是这样认为的，很多人也会这样想。例如，在考试之前，明明知道收拾房间会减少学习时间，有些人还是选择这么做，理由是通过减少准备时间来增加压力。这样一来，就可以逼迫自己迸发力量或者破釜沉舟。其实，这样做是错误的。

这是一种逃避行为。**因为不愿意面对必须做的事情，而选择其他行为**。如果这种逃避行为习以为常，那可就麻烦了。

逃避行为会让准备时间减少，不得不集中注意力，逼迫自己做最后的努力。如果有所收效，这一系列逃避行为就会被认定是对的，进而形成习惯。

前一晚熬夜学习，在睡眠不足的状态下参加考试。认为这样才能发挥好，无法停止这样做。即使长大成人，仍会在睡眠不足状态下参加重要的会议并上台发言。

第二章　会让孩子长大后"轻言放弃"的坏习惯

请大家冷静地想一想，只有在最佳的身体状态和心理状态下，才能真正发挥实力或有上佳的表现。睡眠不足或者疲惫的身体状态，加上准备不足带来的焦虑不安和恐惧的精神状态，怎么可能有好的结果。但是，不知道为什么，一旦有事，总是有人把自己逼入充满压力的状态。

认为重要的事情，就会提醒自己努力完成。有了"非努力不可"的想法，以前努力的记忆就会浮现。

例如，当我们做某件事时，大脑会从以往的经验或认知中找寻和参考类似的状况，就像电脑搜索一样。通过回忆努力的经历，采取和过去相同的"逃避行为"，即在焦虑、紧张、不安的状态下发挥所谓"实力"，完成要做的事情。

❥ 保持平常心，做力所能及的事情

要克服"逃避行为"，就不要把事情想得太重要。**不要反复提醒自己"一定要努力""必须完成"，而是保持平常心，做力所能及的事情。**这样才能真正地集中精力，提高办事效率，才会得到想要的结果。

跟孩子也要传递同样的信息。面对考试、比赛等重要场合，孩子肯定会紧张，不要跟他说"一定不能失败""好

保持平常心很重要

好努力",否则只会增加压力。应该跟孩子说"像平常一样就行""没关系",尽量为他解压,才更容易有好结果。

> **教育孩子的要点**
>
> 重要场合,嘱咐孩子"保持平常心""没关系",才会有好的表现。

第 3 章

让孩子长大后"无法与人有效沟通"的坏习惯

认为执着是件好事情

➔ "执着"也有对与错

进入社会后,很多时候需要与其他人合作才能完成一件事儿。这个时候,过分坚持自己的做法或原则,往往无法顺利进行。此时就需要站在同伴的立场,换位思考,综合考虑以前的做法和成功的案例,以包容的心态处理问题。

有些人却很难改变自己的想法,固执己见,总是认为"这就是我的处事风格""除此之外,别无他法""我不想那样做",等等。总担心自己的想法被否定,而伤到自尊心。也会因为按照自己的想法成功过一次,就固执地认为自己的做法是最好的。

这种"执着"并不是为了取得成果,而是为了坚持己见。总是把"个人原则"凌驾于团队之上。

那么,到底什么是"执着"呢?

"执着"有正面、负面之分。有位家长曾向我诉苦说:"我家孩子太倔强了。"她常常因为孩子的倔强而苦恼。

我认为，应该以开放包容之心看待这个问题。

"执着"的正面可以解读为有主见，不盲从他人，以自己为中心做判断，遵守规则（传统或原则），等等；"执着"的负面可以解读为不懂得变通，顽固，缺乏应变能力，协调能力不强，等等。

从客观上讲，"执着"本身并没有什么问题。实际上，对于一个处在自我确立关键阶段的孩子而言，完全没有主见、不自信是不对的。孩子或许不会过于执着，但总会有几个执意坚持的"原则"。

虽说如此，如果一个人太过"执着"，被其束缚而缩手缩脚，或者任意指使他人，都会造成困扰。

那么，该怎么办才好呢？

● 把"执着"当成潮流

建议把"执着"当成一种潮流看待，**即以"当下流行这样"的观点看待"对某件事比较执着"**。这样一来，像"固执不变""缺乏应变能力"等负面特征会随着时间的推移而发生变化。伴随着孩子的成长，可能会有所改变。

如果这样想，心情自然轻松。

"执着"的改变

第三章 让孩子长大后"无法与人有效沟通"的坏习惯

在孩子成长过程中,有时会表现得比其他孩子更"执着"。但是,**"执着"并不是孩子特有的个性**。有些父母会过度解读"执着",认为"我家孩子太固执了"。也有些父母认为孩子的这种"执着"是正常的。

孩子长大成人后,会与亲朋好友、同事共同生活,一起工作,有个性或者有主见是非常重要的。父母要教育孩子,**别人同样会有个性,也有自己的价值观**。但是,过分强调自我,会让自己变得孤单,那就本末倒置了。因此,还要教育孩子,跟别人在一起的时候,要保持个性。

"执着"也是可以改变的。根据实际状况,坚持自己认为最合适的那个"执着"。

 "执着"会随着时间的推移而改变。让孩子明白,该执着的时候一定要执着。

 努力做是怕做错事、被批评

➜ "好好干"一定要具体

你有没有发现,有些孩子一直在努力做事,尽量不惹人生气、被人批评。

其实,大人也一样,为了不失败,不被批评,不被说三道四,不成为别人的笑柄,一直努力工作,严于律己。这是为什么呢?

我们也是在"不好好干,会被人取笑""你这样做,会让老师很生气"的告诫下长大的。

父母对孩子说"不好好干,别人会笑话你",就是想告诉他"一定要好好干"。这样告诫孩子,不一定如愿以偿。为什么呢?因为这样的告诫太笼统,不够具体,孩子听不懂。由于听不懂,所以做不好,这是很简单的道理。

父母需要对"好好干"做更具体的解释。例如,"坐着的时候,要挺直腰杆""把手放到膝盖上""眼睛看着老师"等,就是具体说明。根据孩子年龄,不仅仅需要语

言，有时候需要配合肢体动作来完成。

在幼儿园，老师经常会对小朋友说"安静""不要说话"，可能他们不知道该怎么做才好。如果老师形象地做出"食指挡住嘴唇"的动作，孩子就明白了。明白了，就知道该怎么做，这就是所谓"具体"。

对于孩子来说，像"挺直腰杆""把手放到膝盖上""眼睛看着老师"等动作，需要努力才能做到。所以，父母要予以认可和配合。

孩子长大一点儿，也一样。**在感叹孩子不听话之前，要反思一下自己，对孩子的要求是否适当、具体，孩子能否听得懂你说的话。**

因此，不要只对孩子说"好好干"，要想办法让孩子"做好"。跟孩子一起努力吧！

● 坦率正直的努力最值得称赞

"为了不被别人嘲笑或不惹别人生气而一直努力"，相信许多人会这么做。但是，这种"努力"往往是被动的、消极的。当我们为了"不被别人嘲笑、不惹别人生气"这一目标而努力时，努力就变成了"应付"，而且不会让自

"好好干"是什么意思?

己变得更有价值。

努力体现了一种态度。该努力的时候,一定要竭尽全力。**把这种积极的态度充分展现出来,一方面为了满足大家的期待,另一方面为了达到自己的目的。**

作为父母,要引导孩子积极主动地去努力,为了成功、为了自己去努力,而不是为了害怕"被人嘲笑""不惹人生气"或害怕"失败"而努力。

要鼓励正在努力的孩子,让"努力"成为一种习惯。

让孩子为了成功去努力,父母要准确、具体地传达要求。

 不主动跟人打招呼

➡ 与人交流时,总是顺着对方说话

与初次见面的人交谈时,有20%～30%的人能够积极主动地跟对方交流;有30%～40%的人等待或者观察对方的动向,然后判断是否开口说话;还有约30%的人等待对方先开口说话。也就是说,有70%～80%的人在与他人交流时被动等待。换句话说,就是**交流的主导权掌握在对方手里**。

在日本,很多人不排斥和抗拒对方掌握话语权,认为这是对对方的尊重。但是,如果真的尊重对方,交谈时的态度是很重要的,即无论采取哪种交谈方式,都应该表现出积极主动的姿态。

那么,在工作中与初次见面的人应该如何相处呢?毕竟要和这些人共事,当然希望能够营造愉悦、融洽的氛围,希望相互信赖、相互协作地开展工作。

如果你不主动与人交流、建立良好关系,对方常常会

开朗、微笑、积极主动

掌握交流的主导权,在今后的交流过程中就会依赖对方、依赖他人。

➡ 面带微笑去交流

当然,具备懂得配合和适应对方的能力,也是非常重要的。要在交谈的开始阶段掌握主导权,营造良好的氛围。总是等待对方开口说话,很容易产生误解。

展现交流的姿态,主动跟对方交谈。这种积极的态度可以获得对方的好感,增进彼此的信赖感。

首先,要面带笑容地与对方交流,摒弃"等待""被动"心态,展现积极进取的姿态,营造良好的氛围。

如果对方积极主动地与你交谈,那该如何应对呢?首先,要给予积极诚恳的回应。

如果以积极的姿态互动,一定能相互协助,工作做得更好。

教育孩子面带微笑去交流,营造良好的氛围。

被批评时,一言不发

➡ 训斥与愤怒的区别

被批评时保持沉默,很多人有这样的习惯。如果争辩,可能会受到更严厉的批评。

在这里,先梳理一下训斥和愤怒的区别。在教育孩子的过程中,经常有人说不要愤怒,要学会训斥。那么,两者有何不同呢?

批评或训斥,指的是对不良行为和言语给予指责,传递的是希望变好的意愿,是有目的性的,即向好的方向引导;而愤怒指的是生气,是一种情绪。

"批评"和"愤怒"的含义完全不同,却经常混用。为什么呢?因为批评孩子的时候通常夹杂着愤怒的情绪。

孩子犯错的时候,我们经常会说"为什么要这样做""不是告诉过你吗""一点儿都不听话"。

撇开愤怒的情绪去训斥,是非常难的。这不是单纯的

"愤怒",包含着引导孩子向好的方向发展的心情。

客观上讲,夹杂感情的话就是愤怒;不夹杂感情,理性地说话就是批评。几乎所有的父母(包括我在内)都不是在批评,而是在发怒。不发怒的批评,确实很难。

现在不被批评、不挨骂的孩子越来越多,不知道"什么是错误""到底错在哪儿"的孩子也越来越多。

即使愤怒,也一定要理性地、心平气和地批评孩子。这是父母的职责和义务。

无论学校还是职场,做到理性地不夹杂愤怒情绪"批评"的老师或上司少之又少,边愤怒、边批评的大有人在。

⮕ 只做批评

该话题一开始提到,**许多孩子被批评时习惯于一言不发,原因是批评者正处于愤怒状态,往往只传递出带有感情的"愤怒"**。因此,孩子只感到恐惧、厌倦,只想逃避。他会习惯性地用沉默的方式来对抗"愤怒",等待"愤怒"尽快结束。

孩子的习惯是慢慢养成的。比如,顶嘴的话,愤怒会升级;解释的话,肯定被说找借口。

作为父母,如何在边愤怒边批评的过程中,准确地发挥"批评"的作用,是非常重要的。愤怒在所难免,更重要的是"批评"的目的和效果。

要给孩子说清楚,什么不能做、为什么不能做、如何改进,引导向好的方向发展。**或者,可以先消消气,再批评,并确认孩子是否已经领会和接受**。

问一下孩子这样做的理由,是不知道不该做、不能做,还是明知故犯。

有时候,孩子会有大人无法想象的动机。聆听一下他的理由,可以很容易地预判后续的行动(淘气或做错事)。如果父母有心理准备,就可以提前制止。

⮕ 重要的是从批评中受到启发

让孩子领会被批评的目的,即明白为什么挨批,为什么不能那么做,如何改正。这一点很重要。还要让孩子明白,**挨批是让他不再犯同样的错误,让他进步**。

希望父母从中得到启发,不要害怕和厌倦孩子淘气,而要想想如何改正。

> **教育孩子的要点** 批评孩子，使他进步，使他健康成长。

不愿说"谢谢""对不起"

➡ 接受爱或帮助,要说声"谢谢"

你能恰当地使用"谢谢""对不起"吗?是否在该感谢的时候表示道歉,在该道歉的时候却敷衍了事呢?

我年轻时,总觉得说"谢谢"是矮人一截。有时候遇到认识的人,"谢谢"实在难以说出口。为了不对人说"谢谢",为了不让别人帮忙,总是一个人硬撑着。现在想想,那时候的我实在是不惹人喜欢。

直到很久以后,我才察觉到,请别人帮忙时说声"谢谢",其实包含"不好意思""对不起"的心情,并非真正的"谢谢"。

当孩子接过别人给的点心时,母亲常常会说"怎么不说谢谢"。于是,孩子腼腆地说声"谢谢",看上去很可爱。有人把秋千让给你,或者对你表示友好的时候,也要说声"谢谢"。**"谢谢"是用来表达坦诚地接受爱和善意的词汇。**

前些天,我在公园里看到座椅上有一个空瓶子,便随手捡起来,扔到附近的垃圾桶里。这一举动被一旁的人看到了,对我说了句"谢谢您"。我再次感受到"谢谢"真是一个美妙的词汇。

真心希望"谢谢"一词被更多地使用。每当说出"谢谢"时,就能感受到彼此的友善。这样该有多好啊!

并不只是在有求于别人的时候才说"谢谢"。从现在起,从某一个人的行为或语言中感受到了爱心或善意,就要说声"谢谢"。

➔ "对不起"是控制事态的开始

应该跟人道歉的时候,你会说"对不起"吗?是不是难以说出口呢?**为什么不能坦率地道歉呢?试着找找原因吧!**

不愿意承认过错,更想隐藏或者敷衍而过,这是人之常情。不想因为过错而遭受责骂,惹人生气,要明哲保身,也是可以理解的。

但是,不勇于承认错误,就无法进步。面对错误,放任不管,事态会变得更严重。

第三章　让孩子长大后"无法与人有效沟通"的坏习惯

做错事，如何面对

当孩子犯错时,应该坦诚地说"对不起"。但是,**不能只说句"对不起"就完事了。"对不起",只是控制和改善事态的开始。**

❥ 接下来应该做的事情

比如,在朋友家里,孩子不小心把花瓶弄倒了,花散落一地,水四处飞溅,地面湿漉漉的。这时,应该怎么办呢?

相信大多数父母会让孩子说"对不起",然后事情就结束了。

说完"对不起",接下来如何处理才是重点。

把地上的水擦干,花瓶里重新倒上水,然后把花插回去。在孩子能力范围内,跟他一起完成。切忌替孩子做这些事儿。

人难免会犯错,重要的是及时纠正错误。纠正错误的第一步就是说"对不起"。

"对不起",向人传达要承担相应责任,向人传达有承担责任的能力。"对不起",**表达的不是已经做错的事儿,而是下一步怎么做。**

第三章 让孩子长大后"无法与人有效沟通"的坏习惯

要教育孩子,说声"对不起",是犯错时的最好选择,也是承担责任的最佳选择。

> **教育孩子的要点** 告诉孩子,"谢谢""对不起"是与人沟通时经常使用的词汇。

记不住同学的名字

➲ 教孩子多关心别人

有些孩子很难记住同学的名字,因为他对其他人漠不关心。为什么会这样呢?因为他将注意力集中在自己身上。即使有所关注,针对的也是事物而不是人。

在孩子的成长过程中,首先关注的是自己,其次是周围的事物,再者才是其他人。每个人都要经历这个阶段,没有必要责备。

对他人漠不关心,会对人际关系造成影响。

如果发现孩子连朋友的名字都记不住,那就需要帮助和指导了。就像孩子不会算算术,父母和老师竭尽全力给予辅导一样,使他具备一定的社交能力。

➲ 将容貌和名字联系起来

许多孩子之所以记不住人名,是因为未能将容貌和名

第三章 让孩子长大后"无法与人有效沟通"的坏习惯

培养孩子社会性的训练

字联系起来。**父母可以利用照片或者视频,帮助孩子加深对对方的记忆**。坚持每天有意识地与孩子聊聊都交了什么样的朋友,一定会有所改观。

对孩子而言,在一些场所有许多认识的人,肯定比身边都是陌生人让人安心。如果有妈妈也认识的人,就会更踏实。

记住别人的名字,是人际交往必备的能力。有人能叫出自己的名字,你会觉得特别亲切,一下子就拉近了距离。叫得出对方的名字,是建立良好关系的重要一步。

> **教育孩子的要点**
> 记住名字,是建立良好关系的重要一步。协助孩子记住同学的名字吧!

做不好的时候，总爱找借口

● 善于找借口的人，不会被信赖

有的人没把事情做好或者还没去做，就找各种借口和理由加以辩解。这种人会让人觉得挺难相处，有时只能安慰自己，算了吧，就这样吧。

这种情况时有发生，就算你不太相信对方的说辞，也会因为他能言善辩而选择原谅。**其结果就是不再把重要的事情交给他去做，不再信任他。**

这种人虽然不让人讨厌，对人也很好，但是不值得信赖。之所以会这样，是因为平常没有养成遵守约定、把该做的事情做好的习惯，而是把精力更多地用在找借口上，真是可悲。

遵守约定，做好该做的事情，是要付出努力的。如果确实做不到，也要勇于承认。

重要的是勇于面对自己行为导致的结果。做不到，就承认做不到；没做，就承认没做。也许你觉得这样会失去信任，会觉得很痛苦。如果一味地逃避，将永远无法赢得别人的信任。

人与人之间的信赖关系不是依靠语言，而是看其行为和结果。**做过的事情，就承认做了，没做就承认没做，努力遵守约定，才能赢得信赖。**

你的孩子是否能言善辩？有没有质问他为什么做不到？即使询问了没有做的原因，他仍会找理由推脱吗？到底做到了还是没做到？做了还是没做？事情的来龙去脉是什么？父母一定要确认事实，确定下一步打算怎么做。

 能言善辩，很会找借口的人，往往得不到信任。没做就是没做，要勇于承认。

自己的事情都可以自己做主

➔ 我们的存在价值

大家都希望自己的事情自己做主。但是,并不是所有的事情都可以自己决定。为什么呢?**因为我们生活在社会这个"大家庭"中,需要与其他人协作、共存。**

很多孩子认为,自己的事情只跟自己有关,与旁人无关。要求他遵守约定,或者跟大家一起行动,将是一件痛苦的事情。这样的孩子把自己和社会割裂开了,没有意识到自己也是社会的一分子。这也许就是所谓的"以自我为中心",不过,与任性自私有所不同。这种孩子大都不太受欢迎。

孩子刚出生时,不具备辨别能力,随着不断长大,逐渐意识到自己和母亲是不同的个体,并意识到自己的存在,进而逐渐确立自我。确立自我观念,探索和世界的关联,是所有孩子都要经历的过程。

我们的存在价值

从前，人们大都在出生地长大，并终其一生。许多人认为出生地就是容身之地，应该在此尽职尽责，多做贡献。现代人流动性大，自由选择居住地，归属感较为薄弱。

现代人通过网络或各种媒体，可以轻松地获取全球信息。因此，**不再受地域限制，而是站在全球的角度来看待住所和应尽的职责**。也就是说，已进入一个以自己为基点，可以与所有人有所联系的时代。

❸ 通过协助与世界相连

要让孩子知道，若想在这个世界上生存并有存在价值，最简单的方式就是给他人提供帮助。把家庭比作世界，让孩子意识到归属感和责任感。

至于孩子该如何做，要跟家人商量后确定。这是一个让孩子了解自己做的事能给身边人带来什么影响的机会，也是让他了解虽然是自己的事儿也不能自己做主的机会。

等孩子再长大一点儿，可以参加一些慈善或捐款活动。让他感觉自己是有用的，这个世界是需要他的，从而获得安定感和幸福感。

通过真实的感受，让孩子体会与世界的密切联系。

> **教育孩子的要点**　协助孩子建立"自己与社会"紧密相连的观念。

第 章

让孩子长大后"与成功无缘"的坏习惯

 喜欢逛超市试吃区

➔ 希望孩子具备理财能力

一到超市试吃区,就不由自主地跑过去试吃;一看到新商品、限购商品,就忍不住购买。如果孩子养成这样的消费习惯,父母要好好反思了。

被眼前事物所迷惑,做出与初衷不同的冲动行为,这是一种不好的习惯。

在这个信息充斥、商品丰富和服务周到的时代,**如果没有养成仔细判断和慎重选择的习惯,就会导致既浪费钱财又浪费时间的后果。**要有所警觉。

父母当然希望孩子具有一定的经济头脑,一定的理财能力。依靠自己的能力获得收入,妥善地管理和使用这笔收入。不过,这种能力在学校是学不到的,大都通过家庭教育获得。

让孩子拥有一定的理财能力,该如何教育?避免养成哪些不良习惯?应该具备哪些好习惯?

第四章 让孩子长大后"与成功无缘"的坏习惯

试吃，是吃亏还是占便宜

去超市或便利店，看到试吃区，是否有不过去就吃亏的感觉；免费品尝的时候，是否有占便宜的感觉。

这种心理常常会导致消费者在不知不觉中花更多的钱。俗话说，买的不如卖的精。其实，商家设置试吃区，是一种销售策略。你知道吗？

是不是真的占到便宜，算一下花了多少钱，就知道了。

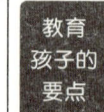
学会理财，有计划地消费。告诉孩子，有时候不要免费的东西，才会不吃亏。

暑假和父母一起完成手工作业

➡ 做手工是为了父母吗

你是否想过,为什么不能和孩子一起完成手工作业呢?

平常忙碌的父母,利用暑假时间,和孩子一起完成手工作业,既可以增加交流,增进关系,又留下美好的回忆。这样做不是很好吗?

这样做的出发点是好的,只是动机或目的有所偏离。手工作业原本是孩子的"工作",却不知不觉变成父母的"工作"。

其实,这些父母帮助孩子做手工作业的目的,既不是协助孩子完成得更好,也不是享受其过程,而是想展示给别人看,赢得别人的赞美。把孩子的手工作业当成炫耀的工具。

于是,不知不觉中,剥夺了孩子的主导权。对孩子来说,这样更开心。**一旦形成习惯,孩子会失去"自己思考、自己做事、独立完成"的历练机会,从而养成只注重结果**

的观念。

大人当然比孩子做得好。但是,共同完成手工作业,让孩子感觉不到自己的价值,甚至失去独立完成的信心和能力,那就本末倒置了。

觉得自己有价值,进入社会才能做有价值的工作。认为自己没有价值,长大后就无所作为。

作为父母,**帮助孩子把事情做得很完美不是目的,培养孩子独特的眼光、思维及认真努力的作风,才是价值所在。**

为了激发孩子挑战自我的勇气和欲望,让努力有结果,要让他利用暑假挑战平时做不到的事情。

作为父母,需要支持孩子。虽然希望孩子做得更好,但是不要忘了,主角是孩子。发现孩子的价值,鼓励他,支持他,认可他。

> **教育孩子的要点**　　做手工是激发主导性的好机会。及时发现孩子的独特价值。

有很多买了却不怎么玩的玩具

➡ "只想拥有"是不对的

任何人都不希望浪费钱财。但是,**比浪费钱财更不想看到的是"只想拥有"**。你有没有发现,孩子的有些玩具并没有发挥作用。

孩子为什么不再玩这些玩具,明明是想要才买的。可能觉得不好玩,也可能厌倦了。

如果是这样,可以考虑扔掉玩具,或者转让给别人,也可以通过二手网等渠道卖出去。这样,就能物尽其用。

自己不需要的东西,可能别人需要。别人能够开心地使用,那就是资源有效利用。给孩子提供体验回收再利用的机会吧!

➡ 让孩子养成珍惜物品的习惯

一直把不玩的玩具留在身边,是不好的习惯。这是资

有效利用不需要的玩具

第四章 让孩子长大后"与成功无缘"的坏习惯

源浪费。让孩子懂得**什么是物尽其用,什么是资源浪费,对培养理财能力是有帮助的**。

另外,许多孩子拥有太多的玩具,不清楚到底有什么玩具。

珍惜物品的前提,是清楚知道自己拥有哪些东西。让每一件物品得到有效利用,实际上就是珍惜。

 教育孩子,把不需要的东西重新利用、有效使用,才能变成财富。

零用钱不够花,要求增加

➡ 通过"零用钱管理"培养金钱观

让孩子管理自己的零用钱,亲身体验花钱的感觉,可以培养金钱观,学会理财。**但是,如果零用钱不够花,要求不断追加,表明孩子的金钱观是错误的。**

这样的孩子进入社会,钱不够用,就会找人借。很有可能一辈子举债度日。

很多人工作之后,依然寻求父母资助。过着入不敷出的生活,碰到想买的东西就无法控制。这样的年轻人越来越多。

由于银行信用卡借贷手续简单,很多年轻人贷款消费,然后被利息压得苦不堪言。许多人似乎对于借钱这件事知之甚少。

➡ 培养健全的金钱观

父母要教孩子理财,培养健全的金钱观。**所谓健全的**

第四章 让孩子长大后"与成功无缘"的坏习惯

钱不够用的时候，要学会忍耐

金钱观,就是支出不能超过收入,合理使用零用钱。

有了想买的东西,如果钱不够,要等到攒够的时候再去买。父母当然希望孩子这样做。

此外,还有增加零用钱的方法,比如帮忙干家务或者打零工等。

既然打算通过管理零用钱培养孩子的金钱观,就应该拒绝"追加"的要求。

> **教育孩子的要点** 告诉孩子,健全的金钱观会成为将来富裕生活的基础。

作弊没被发现，感到幸运

➥ 作弊的人不会富有

作弊和金钱观究竟有何联系呢？

作弊是考试时的不当行为，是一件不光彩的事儿。**做了不光彩的事儿没被发现，却感到幸运或占了便宜的人，永远不会成功。从经济角度看，这种人无法变得富裕。**

一旦认为作弊没被发现是一件幸运的事儿，就会看不起诚实的人，不愿再付出努力和诚实做事。

正当的努力和诚实的劳动，才是拥有财富最需要的。

耍小聪明，骗人，可能偶尔"成功"，但是被发现的风险很大。无法明辨是非，怎么可能获得成功。

信任可以在瞬间瓦解，要想挽回则难上加难。**长远来看，认真做事，诚实待人，才能赢得信任，才能拥有美好的生活和成功的人生。**

⊝ 眼光长远很重要

众所周知,因作弊取得好成绩,从长远看,并不是"占便宜的事儿"。

孩子还不具备用长远眼光看待事物的能力,会认为"没有被发现"是件好事儿。

面对这样的孩子,父母要耐心地解释不能作弊的理由。告诉孩子,努力做事才是对的,才是成功的不二法则。

> **教育孩子的要点**
>
> 失去信任是瞬间的事情。培养孩子辨别是非的能力,知晓怎么做才是真正的受益。

经常丢三落四

➔ 重点是"吸引力"

丢失或遗漏了东西,却觉得无所谓,这种人的生活很难富足。一个人丢三落四,说明不擅于物品管理,空间管理能力不强。

撇开丢了东西会造成经济损失不谈,每件物品都留存着拥有者的回忆。就算弄失了,凭借回忆,或许知道它在何处。这种感觉就是所谓"吸引力"吧。

一个人拥有的东西太多,对物品的关注和爱惜程度就会变得淡薄,吸引力就不会发挥作用。

如果弄丢了物品感到惋惜、心疼,就会下决心改掉这一习惯;如果感觉无所谓,就会养成丢东西的习惯。

当一个人养成了这种习惯,物品和金钱就会很容易地离开他,获得财富和成功的吸引力会挥之而去。

➲ 不要放弃,要尽力寻找

孩子还不具备管理能力,会经常弄丢东西。这个时候,父母要告诉孩子,不要马上放弃,应该尽力寻找。

把遗失的东西找回来的经历,非常重要。即便找不回来,也不要马上买新的替代品。

被制作出来、被售卖的物品,虽然没有生命,却有缘来到身边,成为自己的东西,变得与众不同。因此,一定要珍惜它、爱护它。

 教育孩子的要点:要好好珍惜身边的每件物品。

经常逃避大扫除

➡ 肯努力,才会被认可

学校里,是不是有些学生经常逃避大扫除?比如,轮到打扫校园操场时,或者不来了,或者故意迟到,或者不知不觉中不见了,或者呆呆地站在那儿熬时间。每当见到这样的孩子,我就会想,这个孩子将来不会成功。

成功者勤劳、诚实,且努力做事。即使不会得到丝毫利益,也会努力去做。别人不愿意做的事情,他会抢着做。绝对不会躲在一边看着别人做,更不会选择逃避。

其他人看到他如此努力,深受感动,就会主动走近,跟着一起干。其他人信任他、支持他,认为他一定能成功。

某位企业家跟我说,因为自己也努力过,所以公司会录用表里如一、勤奋肯干的年轻人。即使别人看不到,他依然努力工作。这样的年轻人,大家都喜欢。

拥有一定的工作能力,健壮的身体,足够多的时间,却不能充分利用,全力以赴,那就是偷懒。

全力以赴地做事

懒惰的习惯，真的很可怕。长此以往，就会失去一切。充分发挥能力，才能有所收获。投入越多，收获就会越多；投入越少，收获就会越少。要教导孩子，任何时候都要付出最大的努力。

 即使别人看不到，也要付出努力。这决定一个人的价值。

第 5 章

让孩子长大后"不在意家人感受"的坏习惯

自助餐剩下食物

➔ 通过吃饭可以学到很多东西

自助餐无论吃多少,收费都是一样的。吃自助餐,你是对孩子吃剩的食物散落一桌视而不见,还是叮嘱孩子吃多少拿多少。

在日本,学校开设了饮食指导课程,学生会学到以下内容:不能浪费食物,就餐时要怀着感恩之心;感谢为我们做饭和配餐的人;感谢生产食物的人;学习就餐礼节和就餐方法;通过饮食汲取能量,使身体健康成长;平衡饮食很重要。

同样,在家就餐的时候,父母会以同样的方式要求孩子吗?

就餐是生活中非常重要的环节。**通过饮食行为,可以学到很多东西,提供表达感谢之情的机会**。要对做饭的人、一起就餐的人满怀感谢之情,好好品尝食物。

自助餐提供很多种类的食物。面对这么多在家里无法

就餐时要怀有感恩之心

制作、不常吃到的食物，孩子肯定很开心。但是，**吃自助餐更要注意珍惜食物**。在自助餐厅，经常有人把食物散落一桌，以自我为中心，大声喧闹，不顾及对周边人的影响。看到这种场景，父母要教育孩子引以为戒，珍惜食物，告诉他吃多少拿多少。

无论何时何地，都要珍惜应该珍惜的东西。

做家务是父母的事情

⇨ 做家务是有意义的

你是否觉得做家务永无休止。

购物,做饭,喂孩子吃饭,收拾房间;洗衣服,晾衣服,叠衣服,放到衣橱里;清洗浴室,给孩子洗澡,打扫浴室;打扫、收拾,打扫、收拾……

这些家务活儿应该由谁来做?妈妈、爸爸,还是全家人?考虑这个问题之前,有一件事非常重要,那就是"**做家务有什么好处**"。

家务不同于工作,是不计报酬的。无论怎么努力地做家务,都不会有报酬。但是,家务活儿又是非做不可的,谁都不做,可就麻烦了。找人来做,是要付费的。因此,**做家务是有价值的**。

做家务到底有什么价值呢?一家人可以生活在整洁的家居空间;可以品尝到营养丰富和充满爱心的饭菜;可以

做家务很重要

穿着干净的衣服，躺在干净的被褥上；可以把家变成安心、舒适的空间，大家都愿意回来；可以把家变成放松身心、补充体能、精力充沛地去上学或上班的地方。

如果提供以上价值，你对做家务会怎么想？是不是觉得做家务是一件很有意义的事情。

➡ 会做家务的人更幸福

当你厌倦了无休止的家务活儿，再也不想做的时候，就会觉得做家务既单调乏味，又毫无意义。当孩子长大成人，做饭、洗衣服将不再那么辛苦，会突然有种落寞感，因为孩子不再陪自己一起叠衣服、洗碗了。

真心希望不要把做家务当成负担，不要互相推诿和抱怨，而要心甘情愿地去做。

所谓家务能力，就是把家变成愿意回来、安心舒适、使身心得以休养的地方。你具备这样的能力吗？你难道不想培养孩子做家务的能力吗？

➡ 做家务只是妈妈的事情吗

仍然有人认为"做家务是妈妈的事情"。

"虽然现在的家务活儿流行夫妇共同承担,但是我是家庭主妇,家务活儿就是我的工作,而且丈夫也不是完全不帮忙。"许多家庭主妇这么想。

这种想法无可厚非。这种观念会对将来成家立业的孩子造成什么影响,需要认真思考。

 家务能力就是创造幸福的能力。让我们跟孩子一起培养这种能力吧。

不完成作业,就不去上学

➡ 完美主义的陷阱

其实,我家的大女儿就是这么想的。小学三年级时,某天晚上,到了睡觉时间,因为作业没做完,所以不睡觉。我认为睡眠更重要,强迫她上床。结果,她拿着手电筒在被窝里写作业,被我训斥了一顿。她哭着说:"写不完作业,就不去上学。"

"不完成作业,就不去上学",这是多么奇怪的想法,又不能跟老师说。写作业和去上学完全是两回事儿。

作业只是学习内容的一部分。过分考虑作业的重要性,才会没有做完而哭泣。这是孩子的想法,无可厚非。

很多成年人也抱有这样的想法。比如,因为销售业绩差而请假。

不去上班,业绩自然不会提升。这是一种幼稚的逃避行为。但是,仍有许多人在这样做。

销售业绩有好的时候,也会有不好的时候。业绩不好,可能是努力不够,也可能有其他原因。觉得业绩不好很丢人,进而停止行动,这是过分追求完美的心态在作祟。

有完美倾向的人,一方面为了取得好成绩而勤奋努力;另一方面,常常瞻前顾后,谨小慎微。

原本销售业绩难以增长,却自寻烦恼,认为"不行了""扯人后腿了",用一时业绩评判自己的能力。

人的价值并不是仅仅通过所谓"业绩"确定的。许多人明白这个道理,却仍会陷入"不是一百分就是零分"的思维。

❥ 从能力和幸福感两方面思考问题

从能力和幸福感两方面评判一个人的成长和成功,有助于摆脱完美主义。假若坐标中的纵轴为能力,横轴为幸福感,两个轴也可以是工作和家庭。在这个坐标中,既没有一百分,也没有零分,会有无数个数值。不陷入单纯的比较,就可以从完美主义的陷阱中摆脱出来。

在养育孩子的过程中,也可以运用这种思维方式。教育孩子本来就不是一帆风顺的,其学习能力、体力、社会

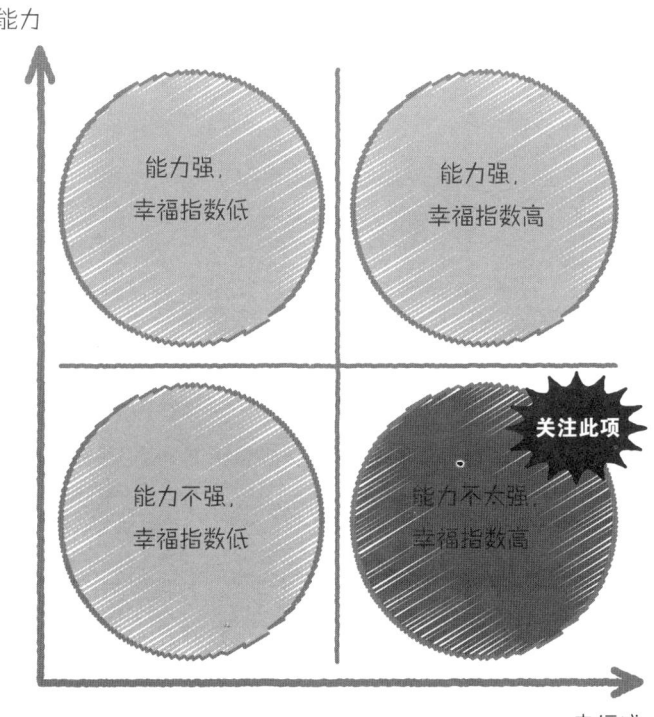

能力等,都不可能直线提高。

孩子和父母都有自己的烦心事儿。烦恼的时候,不要只盯着眼前发生的事情,钻牛角尖儿,全方位地思考问题,就会避免思考和行动停滞不前的困境。

⮕ 成绩虽然不好,感到幸福就好

家庭需要营造幸福感。能否获得幸福感,与可以做什么、成绩怎样等能力大小无关。**并不是你有能力,别人才喜欢你。因为你就是你,所以被喜爱。感受到爱,就会觉得幸福。**

家庭的责任就是传达爱意,传递幸福。这种感觉可以成为努力学习和工作的动力。

就算作业完成得不好,仍能好好吃饭,好好睡觉;不管考试成绩如何,感觉幸福就好;无论在单位怎样,感觉快乐就好。

请告诉孩子这些道理吧。

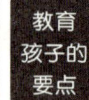
教育孩子的要点:就算作业完成得不好,成绩不好,不论何时,只要感到幸福就好。

成绩好,希望被表扬

➔ 不仅仅因为成绩好才表扬

继续有关成绩的话题。

"成绩好,希望被表扬",这种想法并不好。为什么会这么想,能说出理由吗?

想得到表扬,没有错。问题在于"只有成绩好时才被表扬",即不应该过分关注考试成绩。

学校是学习的地方,重视成绩无可厚非。**出了校门,家人仍然只看中成绩,孩子会是什么感受。**

那么,孩子成绩好,在家里就不能表扬了吗?当然不是,你可以表扬,但不要只针对成绩本身,要针对取得成绩所付出的努力。比如,既参加集体活动,又努力学习;为了多读书,每天早起;积极主动的学习态度,等等。除了成绩,还有许多值得表扬的地方。也就是说,无论成绩好与坏,都可以表扬和称赞。

只关注考试结果,孩子会误以为只要结果好就行,而

不在乎过程。这样,就算被表扬,也很难有感激的心情。

其实,孩子成绩好的时候,没有必要大肆表扬。取得好成绩,自然很开心。

孩子失落的时候,才真正需要支持和帮助。无论学习、体育活动或其他活动,当孩子失意时,父母要伸出援手。

孩子努力了,没有得到想要的结果,父母也会很失望。作为父母,应该尽快摆脱这种心情,主动靠近孩子,安慰、鼓励他。

这样做确实比成绩好时表扬一下更难。如果父母只注重成绩,孩子就会失去许多被支持的机会。在孩子失落的时候,给予支持和帮助,才是父母应该做的。

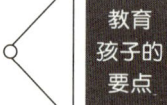

不要随意表扬,要在孩子努力了却没有结果的时候给予支持。

父母催促才行动

⮕ 不积极主动的孩子

"还没洗澡""赶紧睡觉""你同学都到了,赶紧准备"……小的时候,经常会被父母催促。当孩子长大后,同样的对话是否还会经常出现?

"考试准备得怎么样了?""再不快点儿起床,上学要迟到了。""跟老师约好补习的日期了吗?"总是要父母催促才去想,才有所行动。

你是否从这种习惯中看出亲子之间的角色关系。好像父母较强势,孩子不得不遵从行事,但事实并非如此。

是孩子在利用、使唤父母,父母成为被孩子牵着鼻子走的"媒介"。当父母明白这个道理,想必不会再说"赶紧做""怎么回事"这样的话了。

对孩子来说,父母催促再去做,也就是不主动做事。"父母让做才去做",会成为借口和理由,也会把失败

默默守候

的责任转嫁到父母身上。

如果不提醒,会怎样?放任不管,真的没问题吗?父母肯定会担心,甚至陷入困境。你希望孩子成为自觉、自律的人吧。

➜ 对自己的行为负责

这样的话,父母什么都不用说,在一旁默默地关注孩子成长吧。**今后,再不用问孩子想干什么了,让他自己考虑,自己做决定**。教育孩子对自己的行为承担责任,即使失败了,也要自己扛。

记住,父母只需在一旁默默守护。孩子躲在父母身后,将不会为他人撑起保护伞。要让孩子改掉"催了再想、催了再行动"的坏习惯。

教育孩子的要点:自己的事情自己决定。为孩子创造自力更生的机会。

不愿跟家人打招呼

➲ 为什么要打招呼

你是否觉得,家人之间无须打招呼;都是家人,没有必要讲究礼节;心情不好的时候,不打招呼。

那么,你会跟外人打招呼吗?为什么打招呼?打招呼的目的是什么?打招呼是毫无意义的行为,还是单纯的礼仪?

有人将打招呼称为"存在认可"。也就是两个人见面,为了确认彼此的存在而产生的互动行为。也有人说,**打招呼是确认彼此的存在和相互尊重的行为**。比如,告诉对方自己在这里,告诉对方自己没有恶意,告诉对方接下来要做什么,等等。

要确认以上信息,彼此才会打招呼。那么,家人之间是否没有必要打招呼呢?真的那么麻烦吗?

打招呼很重要

➔ 打招呼是一种礼貌

"早上好""早上好";"我出门了""注意安全";"我回来了""你辛苦了";"我开始吃了""多谢款待";"晚安""做个好梦"……

问候的话,会让人心情愉悦。**因为是家人,更应该每天问候。简短的对话,却蕴含着爱意、体贴和尊重。**

独居的人自然不用打招呼,也体会不到家人的幸福。

家人每天都会见面,相互陪伴,相依为命。要怀着一颗感恩的心,跟家人打招呼。

问候身体如何,以示关心。相互间微笑着打招呼,是不是觉得舒畅和开心。

正值青春期的孩子,可能羞涩于跟家人打招呼。打招呼,让人心情愉快,让人觉得被尊敬。作为父母,别忘了告诉孩子:问候是对别人的尊重。

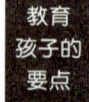
打招呼是爱的纽带。家人之间,也要每天打招呼。

 # 认为对待家人无须太用心

◉ 家人的想法各不相同

对于家人的认知,每个人都不同。受地域、环境、文化、生活习惯等的影响,每个人的想法是完全不同的。**即便在同一家庭长大,由于性别、辈分(哥姐或弟妹)不同,教养方式也不尽相同。** 其他家庭是怎样的,完全不知道。对于家中的人和事,外人无法知晓。

常听人说,结婚之后才发现,自己与丈夫(或妻子)对家人的认识是如此不同,因而感到吃惊。彼此成长在不同的家庭,需要花时间相互适应。

令人惊讶的是,既然对家人的认知和家庭观不一样,为什么这么多人认为"不用太在意家人的感受""不必太在意的人,才称之为家人"。

有些人十分在意别人的感受,觉得回到家就不用战战兢兢了。这种想法可以理解,但是,在意的对象是不是搞错了。

因为是家人，就可以直言不讳，毫无顾忌，就可以发火、大吼大叫、乱发脾气，就可以不守信誉，甚至使用侮辱人格的语言。自己就是这样过来的，所以也这样对待孩子。

无法对外人做的事情，无法对外人说的话，因为是家人，说这些话、做这些事就可以被原谅。你认为这样对吗？

❥ 珍惜家人就是珍惜自己

我觉得，因为是家人，更应该尊重。同事、邻居、擦肩而过的路人都能谨慎对待，为什么对待家人漫不经心呢？

一生中，家人陪伴的时间最长。**难道你不觉得，善待家人就是善待自己吗？**

同事和邻居当然需要用心对待。与这些人相比，家人更重要。尊重和善待重要的人，难道不是很自然的事情吗？

父母当然希望孩子跟善待家人的人结婚，也希望他能成为珍惜家人的人；希望孩子不会对家人言语粗鲁、暴力相向，不会做出失礼的事情；希望越来越多的人相互尊重、以礼相待。善待家人，改变"不用太在意家人的感受"的意识。

> **教育孩子的要点**　家人最值得善待，要学会相互尊重。

后记

　　自己的孩子长大后,会在什么样的公司就职?过着怎样的家庭生活?会跟什么样的人共度一生?你是不是时常怀着兴奋的心情憧憬着未来。

　　不要只着眼于改进存在的问题,要向着有追求、有用之人的目标努力。一味地否定现在,就无法拥有积极向上的动力。

　　当你被养育孩子、做家务、上班压得喘不过气来的时候,试着做一下深呼吸,想象一下未来的景象。

　　现在站在你眼前的孩子,就是将来对社会有用的人才。养育有用之才,你正在做一件非常有意义的事情。

　　孩子终有一天会长大,会踏入社会,独立生活。作为父母,希望周边的人帮助他,希望他成为对别人有用的人,成为在职场上发挥作用、有价值的人。

后记

选择什么样的工作,实现什么样的梦想,都是孩子的选择。无论选择哪条路,都希望他勤奋努力,诚实待人,尊重、感谢一起工作和生活的人。

在编写本书过程中,收到了来自各方的建议和帮助。负责编辑工作的中尾先生,因书稿结缘并提供帮助的丝井先生,绘制了精美插图的中山先生,一直鼓励和支持我的创造未来股份有限公司的各位同仁,在此表示衷心感谢。

谢谢大家。

田岛英子

2017 年 7 月

KODOMOWO "DAMENA OTONA"NISURU 36NO WARUI SHUKAN by Eiko Tajima

Copyright © E. Tajima 2017

All rights reserved.

Original Japanese edition published by Nippon Jitsugyo Publishing Co., Ltd.

Simplified Chinese translation copyright © 2021 by Shandong Science and Technology Press Co., Ltd.

This Simplified Chinese edition published by arrangement with Nippon Jitsugyo Publishing Co., Ltd., Tokyo, through Honno Kizuna, Inc., Tokyo, and Shinwon Agency Co. Beijing Representative Office, Beijing

版权登记号：图字 15-2019-273